Carolus Guilielmus Müller

Unterredung über den kurmainzischen Antrag zum Frieden

Carolus Guilielmus Müller

Unterredung über den kurmainzischen Antrag zum Frieden

ISBN/EAN: 9783744635653

Hergestellt in Europa, USA, Kanada, Australien, Japan

Cover: Foto ©ninafisch / pixelio.de

Weitere Bücher finden Sie auf **www.hansebooks.com**

Unterredung

zwischen einem

Deutschen Reichsfürsten

und einem

Seiner Räthe

der kein Illuminat ist;

veranlafst

durch den Churmainzischen Antrag wegen des
zwischen dem deutschen Reiche und Frankreich zu vermittelnden

Friedens.

———————————

Deutschland, 1794.

Fürst. In Kurzem wird in Regensburg über den Chur-Mainzischen Antrag gestimmt werden; es ist die höchste Zeit, daſs ich meinem Gesandten die Instruction zufertigen lasse, denn ich will nicht, daſs er bey einer so wichtigen Angelegenheit blofs den mehresten Stimmen beytrete. Ieder Reichsfürst scheint mir, nicht nur als Theilhaber der herrschenden Gewalt seinem Land; sondern auch als Rathgeber dem ganzen Deutschen Vaterland verpflichtet zu seyn; und er vergiſst dieser

Pflicht, wenn er aus Besorgnifs, Mäch-
tigern zu mifsfallen, dann schweigt,
wenn er zum Wohl seiner Unterthanen oder des ganzen Deutschen Staats
freymüthig reden sollte. In der mor-
genden Versammlung meines Gehei-
men Raths - Collegii wird mir deshalb
Vortrag geschehen; ich wünschte aber
vorhero allein mit Ihnen, mein lieber * * * *, darüber zu sprechen und
Ihre Meynung zu hören.

Rath. Meine privat Meynung verlan-
gen Euer Durchlaucht zu wissen?

Fürst. Allerdings, und weil ich, aus
Ihnen bekannten Ursachen, glaubte,
dafs Sie mir solche unter vier Augen
mit weniger Zurückhaltung, als in
dem Collegio selbst sagen würden; so
ersuchte ich Sie, zu mir zu kommen.

Rath. Euer Durchlaucht danke ich für
Ihr gnädiges Zutrauen. In meinem

vieljährigen Dienste hoffe ich Beweise genug gegeben zu haben, dafs wenn ich gleich kein ungefälliger Kollege bin, und meine Meynung gerne der Majorität unterwerfe, ich dieselbe doch nie aus Menschenfurcht verschweige. Wenn mein Fürst meine Meynung wissen will; so werde ich Ihm solche in dem Collegio und auf Seinem Zimmer jederzeit mit der Freymüthigkeit sagen, zu welcher mich Dessen Güte und Wahrheitsliebe so glücklich berechtigen, und ich als Diener, und ich glaube in dem vorliegendeu Falle, auch als deutscher Bürger verpflichtet bin.

Es ist wahr, ich habe mich von Jugend auf gewöhnt, nichts für so heilig zu halten, dafs es nicht dem Richterstuhl der Vernunft, die allein Irrthum und Vorurtheil von Wahrheit sondern kann, unterworfen wäre, und denke daher über viele Dinge anders,

als manche andre Männer, die ich,
dieser verschiedenen Gesinnungen
ohngeachtet, verehre; so wie ich gewifs bin, dafs solche mir das Zeugnifs
nicht versagen werden, dafs ich ein
sehr warmer Freund der Ordnung und
der Gerechtigkeit sey.

Fürst. Dafür sind Sie, mein lieber ****
allgemein bekannt. Vorliebe für die
neuen politischen Grundsätze ist ohne-
hin bey einem Manne von ihrem Stand
und Vermögen nicht zu erwarten; aber
um so mehr wunderte man sich, dafs
Sie den Beytritt Deutschlands zu
dem Kriege so ungern sahen, der
wider die Feinde aller Ordnung und
Gerechtigkeit geführet wird; dafs Sie
diesem Kriege immer einen schlimmen
Ausgang weissagten, und selbst dann
wenn die Waffen der Alliirten am
glücklichsten waren, Frieden mit den
Königsmördern wünschten.

Rath. Diefs lautet hart, gnädigster Herr! aber es ist wahr, und der Erfolg hat mich leider! gerechtfertiget. Eben, weil ich ein warmer Freund der Ordnung und Gerechtigkeit bin, und mehr Gefahr von der Fortdauer des Krieges als der Anerkennung der Republik der Neufranken für unsere vaterländische Verfassung befürchte, wünschte ich längstens so sehnlich den Frieden; und ich glaube, dafs dieses nunmehr der Wunsch der ganzen deutschen Nation, wenigstens des weit gröfsern Theils derselben und aller derer seyn wird, die ohne Vorurtheil und eigenes Interesse die Sache mit unbefangenem Blicke beurtheilen. Ich freue mich daher, wenn auch nach einiges gegen den Chur-Mainzischen Antrag in Rücksicht der Förmlichkeiten zu erinnern seyn sollte, dafs dadurch die Stimme der Nation auf ihrem Reichstage laut geworden ist.

F ü r s t. Mancher Fürst würde bezweifeln, ob das, was Sie deutsche Nation
nennen, ein Recht habe hier mitzu-
sprechen, und ob Deutschlands Kaiser
und Stände verbunden seyen, auf den
Wunsch derselben, sey er auch so
allgemein, als Sie es glauben, Rücksicht zu nehmen. Ich will Ihnen dieses,
da der Krieg nur auf Kosten derselben,
das heifst, mit ihrem Blut und Geld,
geführt werden kann, einräumen;
aber rechnen Sie die Unmöglichkeit
für nichts, mit einem Volke, das bald
diesem, bald jenem Ehrgeitzigen scla-
visch gehorcht, Friede zu machen? Die
Gefahr für nichts, in einen neuen Krieg
verflochten, vielleicht dann eine Pro-
vinz Frankreichs zu werden? Die Besorgnifs, dafs solche Staatsumwälzun-
gen, wie die französische, wenn diese glücklich durchgeführt werden sollte, vom Tayo bis zur Wolga Nach-
ahmungen genug finden werden?
Glauben Sie, dafs Spanien, Deutschland,

Rufsland keine Orleans, keine Marats
und Robespierre haben, oder dafs die
Hoffnung, eine Rolle zu spielen und
Reichthum oder Ehre oder Unsterblich-
keit auf Kosten seiner Mitbürger zu er-
werben, dergleichen nicht bald erzeu-
gen werden? Schaudern Sie nicht bey
dem Gedanken, dafs unser Vaterland —

Rath. Verzeihen Sie, gnädigster Herr!
dafs ich es wage, Sie zu unterbrechen.
Sie fragen mehr, als ich auf einmal
beantworten kann.

Lassen Sie uns, wenn Sie meine
Meynung hören wollen, die grosse
Frage: ob Friede zu schliessen sey?
in mehrere kleinere auflösen.

Fürst. Wohl! Also zuerst: Werden
die Neufranken und ihre Ge-
bieter Frieden machen wollen?

Rath. Daran kann ich nicht einen Au-
genblick zweifeln. So unmöglich mir es

scheint, nun noch mit einigem Grunde zu bezweifeln, dafs der gröfste Theil der Neufranken, die Untheilbarkeit seiner Republik mit aller Kraft zu behaupten, entschlossen sey; so gewifs bin ich, dafs der weit gröfsere Theil derselben, wenn es mit Erreichung dieses Zweckes bestehen kann, Frieden wünscht, um die Vortheile zu geniessen, die er sich von der neuen Regierungsform verspricht, für welche er mit einem selbst seinen Feinden. Achtung einflössenden Muthe streitet.

Ich kann mir nur zwey mögliche Fälle denken: entweder will der gröfste Theil der französischen Nation den Krieg, und will Leben und Gut zur Behauptung seiner untheilbaren Republik aufopfern, oder er will es nicht, und wird dazu nur von seinen Despoten genöthiget.

In jenem Falle werden wir nach dem Zeugnisse aller Sachkundigen

und Vorurtheilsfreyen Männer niemals
Frankreich bezwingen, in diesem aber
hätten wir ja nach Anerkennung der
französischen Republik gar nichts zu
fürchten.

Fürst. Sollte nicht ein dritter Fall möglich und vielleicht wirklich vorhanden
seyn, dafs die französische Nation
zwar den Frieden wünscht, wenn die
Untheilbarkeit ihrer Republik dabey
von den fremden Mächten anerkannt
wird, dafs aber dem ungeachtet die
herrschenden Repräsentanten dieser
Nation zur Behauptung ihrer Macht
Krieg mit Auswärtigen nöthig erach-
ten, und ihn also jetzt unterhalten, und
künftig bey der geringsten Veranlassung erneuern dürften?

Rath. Ist dieses der Fall; so hängt es
ja nur von den verbündeten Mächten
ab, durch billige Friedensvorschläge
den Zauber zu lösen, mit welchem,

wie Sie glauben, einige Ehrgeitzige, ihres Vortheils wegen, die französische Nation verstrickt halten; wollen wir den Krieg fortsetzen, damit diese Männer und andere ihres Ordens länger fortherrschen können? Auch dann, wenn wider alle Wahrscheinlichkeit die Neufranken die Fortsetzung des Krieges einem billigen Frieden vorziehen sollten, hätten wir sehr viel dadurch gewonnen, indem alsdann die öffentliche Meynung nicht mehr getheilt, sondern ihnen ganz entgegen, und Deutschland dadurch viel fester verbunden seyn würde.

Man muſs beyde Nationen belehren, was der Zweck des Krieges ist, und unter welchen Bedingungen er aufhören kann.

Fürst. Ich kann nicht läugnen, daſs ich selbst längst gewünscht habe, die streitenden Mächte möchten sich über den Zweck des Krieges erklären, der von den verschiedenen Partheyen so verschieden angegeben wird. So wie ich überhaupt Offenheit liebe; so scheint mir bey jedem Streite das erste und wichtigste zu seyn, die streitige Frage richtig zu bestimmen und bey entstehendem Kriege das, was jeder Theil durch denselben beabsichtiget, deutlich zu erklären. In dem vorliegenden Falle glaube ich, daſs dieses eben so vortheilhaft für Deutschland, als nachtheilig für die Feinde unsers Vaterlandes gewesen seyn würde, die nur um deswillen mit solchem Muthe, und oft mit Verzweiflung fochten, weil sie glaubten, man wolle die alte Verfassung mit allem ihrem Drucke in Frankreich wieder herstellen, oder Frankreich, wie Polen, zerstückeln.

Rath. Dieſs sagte man in Frankreich nicht nur, und brauchte es zum Vorwande bey allen gewaltsamen Maaſsregeln, die der

Convent verordnete; auch in Deutschland ist diese Meynung sehr allgemein.
Man glaubt, dafs man weniger, um den
von Frankreich in ihren Rechten beein-
trächtigten Fürsten Genugthuung zu
verschaffen, als um das französische
Volk wegen seines Aufstandes gegen
die monarchische Gewalt zu züchtigen
und den verbündeten Mächten Eroberungen zu erleichtern, Deutschland zu
Beschliessung des ihm so schädlich
gewordenen Reichskrieges vermocht
hätte. Mag es seyn, dafs es Feinde
unsers Vaterlandes, dafs es Gefährten
der Propaganda sind, die diese Sprache
führen, die die Franzosen geneigter
zum Frieden, als die verbündeten
Mächte glauben, und sich daher so gar
oft ihrer Siege freuen! Mag es seyn,
dafs, um durch Zwietracht und Mifs-
trauen die Frankreich bekriegenden Nationen zu schwächen, man den Deutschen überreden will: die Verfassung
seines Vaterlandes, habe mehr von der

Uebermacht einiger seiner Stände, als von Frankreich zu fürchten! Wie ist es möglich, daſs, so lange man diese Besorgniſs dem Deutschen nicht benimmt, so lange man ihn nicht überzeugt, daſs er für sich, für die Untheilbarkeit seines Vaterlandes, für die Integrität seiner Verfassung streiten oder steuern solle, Enthusiasmus in ihm sich entflammen könnte! Der Deutsche ist noch nicht so ausgeartet, als man uns überreden will; er ist so feigherzig nicht; er hat Gefühl für Recht und Unrecht; aber er will sich nicht für eine fremde Sache, nicht zu Bekriegung von Meynungen und Dogmen aufopfern. Hätte man gleich Anfangs, oder wenigstens nachdem man seinen Irrthum und die Täuschung von Frankreichs ausgewandertem Adel erkannt hatte, sich über die Ursache des Krieges oder die Bedingungen des Friedens billig erklärt, und die Franzosen hätten doch den Krieg fortgeführet; so würden sie

nur bey ausgearteten Deutschen und
Sancülotten der schlechtesten Art
Freunde und Vertheidiger gefunden,
jeder biedere Deutsche aber seinen Arm
und sein Vermögen willig zum Schutz
seines Vaterlandes dargeboten haben.
Diefs sollten diejenigen bedenken, die
ihre Mitbürger einer Ausartung laut
anklagen.

Fürst. Das gute Zutrauen, das Sie zu
unsern Landsleuten haben, freuet mich.
Sollten auch Ihre Erwartungen von
dem Patriotismus derselben zu grofs
seyn; so stimme ich Ihnen doch gänz-
lich darinn bey, dafs es in jeder Rücksicht wohlgethan gewesen wäre, die
Vernünftigen von der Nothwendigkeit
und Rechtmässigkeit des Krieges zu
überzeugen, den Uebelgesinnten aber
die Gelegenheit zur Verläumdung der
Absichten der Kriegführenden Mächte
und Ausstreuung des Saamens von
Zwietracht zu benehmen.

Zugegeben nun, daſs Frankreich
zum Frieden geneigt sey, und daſs
Pflicht und Klugheit fordere, einen
Versuch zu machen, Deutschland den
Frieden wieder zu schenken, so fragt
sich weiter: Mit wem sollen wir
Frieden schliessen?

Rath. Mit denen, glaube ich, mit welchen wir Krieg führen. Seit wenn,
gnädigster Herr! sind wir denn in unsern politischen Grundsätzen so streng,
den Machthabern *quaestionem status*
machen zu wollen?

Wenn der Beherrscher eines Vol-
kes sich durch den Mord seines Thron-
Vorfahren an seine Stelle setzt; wenn
ein Bassa den rechtmässigen Sultan
gewaltsam entthront, und sich oder
einen ihm unterwürfigen Regenten
zum Despoten des Orients erhebt, hält
es denn ein Monarch unter seiner
Würde; trägt denn eine Nation Beden-

B

ken, mit dem Usurpator Frieden zu
machen, vielleicht auch ein Bündniſs
zu schliessen?

Gesetzt auch! die dermaligen
Häupter Frankreichs seyen Usurpato-
ren; so haben sie doch den Willen des
gröſsten Theils der französischen Nation für sich. Dieser hat sie nicht
nur gewählt, sondern, indem sie ihren
Befehlen gehorcht, indem sie ihnen
Gut und Blut aufopfert und sich blind-
lings in die gefahrvollesten Wege
stürzt, die ihr der National - Convent
vorzeichnet, erkennt sie, sollte ich
glauben, dessen Macht hinlänglich an.
Ich halte es, wo nicht für unmöglich,
doch für höchst unwahrscheinlich, daſs
diese Nation, dann erst aufhören werden, ihren Dictatoren zu gehorchen,
wenn dieselben ihnen Friede und Ruhe
nach dem langen mit der gröſsten Anstrengung gefochtenen Kampf wieder
zu geniessen erlauben.

Fürst. Die Herrschaft des National-
Convents sey auch nun nach dem wahr-
scheinlichen Sturz der Iacobiner noch
so unumschränkt, wer kann uns gewähren, daſs sie es lange bleiben werde? Kann nicht, da in diesem Lande
sich die Revolutionen, wie in einer
Thierhatze die Blut-Scenen, zu fol-
gen scheinen, und so oft im National-
Convent eine Faction durch die andere
gestürzt worden ist, die, mit welcher
wir Frieden schliessen, eben so schnell
fallen? und wer bürgt uns dann für die
Fortdauer des Friedens?

Rath. Sie scheinen, gnädigster Herr!
Ihren Zweifel: mit wem Friede ge-
schlossen werden könne? aufgeben zu
wollen; denn dieser neue Einwurf
bringt uns der dritten vorzüglich wichtigen Frage näher: Kann man auf
die Dauer des Friedens und
dessen Festhaltung rechnen?
Diese Frage beantworte ich nach mei-

ner Ueberzeugung mit Ia! Der eigene
Vortheil der ganzen französischen
Nation ist es, auf den ich diese meine
Ueberzeugung baue. Vor allen Din-
gen erlauben Sie mir, eine allgemeine
Bemerkung über Festhaltung der Na-
tional-Verträge voraus zu schicken.
Euer Durchlaucht sind zu wohl mit
der Völker- und Staaten-Geschichte
bekannt, um nicht zu wissen, daſs,
wenn man nur dann Frieden schliessen
wollte, wenn man dessen Festhaltung
und langen Dauer ganz gewiſs seyn
kann, man im ewigen Kriege mit fast
allen Nationen leben müſste: Fehlte
es Herrschern der alten und neuen
Zeit und ihren Rathgebern je an einem
Vorwand, einen Friedenstractat zu
brechen und umzustossen, wenn sie
sich dazu stark genug fühlten, und es
mit Vortheil thun zu können glaubten?
So dreist dieses scheint, so glaube ich
doch mit guten Gründen behaupten zu
können, daſs man mit Frankreich so

sicher als mit dem größten Theile der
andern Nationen Frieden schliessen
könne, ja vielleicht noch sicherer,
weil

1) Frankreich, wenn es von aussen
   Ruhe hat, noch viele Iahre Zeit
   brauchen wird, mit sich selbst
   zur Ruhe zu kommen, sich eine
   Verfassung zu geben, und solche zu organisiren,

2) in einem Staate wo nicht der Monarch durch Befehl, sondern, wir
   wollen den schlimmsten Fall an-
   nehmen, der Demagog durch Ue-
   berredung herrscht, so lange die
   Nachbarn Frieden halten wollen,
   ein Krieg nicht leicht zu fürchten ist.

Fürst. Das erste Argument gebe ich
   zu, gegen das letzte aber liesse sich
   vieles einwenden; und ich bin neugie-
   rig, zu hören, wie Sie diesen para-

neues anzuzünden. Der Elsasser, oder
Lothringer und jeder andere französische Bürger glaubt, jetzt für seine
Freyheit, für seinen Heerd zu fechten:
Man lasse ihm seine vermeinte Freyheit, seine untheilbare Republik, seine Constitution; berichtige die Gränzen, und es wird ihm so wenig einfal-
len, Händel suchen, Deutschland ero-
bern oder mit seinen Nachbarn Krieg
führen zu wollen, als der Schweitz,
Holland und andern Freystaaten.

Eine auf Freyheit und Gleichheit,
sey diese auch noch so chimärisch,
sich gründende Republik kann, ihrer
Natur nach, nicht auf Eroberung aus
gehen.

Fürst. Sie scheinen in Ihrer Wärme
mit welcher Sie die friedliche Guthmü-
thigkeit der französischen Republika-
ner gleichsam verbürgen, der vielen
Irrungen zu vergessen, welche die Re-

publiken Griechenlands entzweyten,
und der daraus entstandenen Kriege.
Und welcher aller bekannten Staaten
war Iahrhunderte hindurch lüsterner
nach Eroberungen und glücklicher in
denselben, als die Republik Rom, deren
Bürger sich auf ihre Freyheit so viel
zu gut thaten?

Rath. In kleinen Republiken wie die
Griechischen, wo der Gränzen und der
Berührungs - Puncte verhältnifsmässig
viel mehrere sind, kann leichter und
öfter Streit entstehen. Die Bürger sind
sich auch näher: Sie werden leicht von
einerley Geist belebt; durch ein ihnen
vorgespiegeltes Interesse getrieben,
Diefs fällt bey gröfsern Republiken
weg, wenigstens ist es weit schwerer.
Wenn das Eigenthum nicht angegriffen,
die Handlung nicht beeinträchtigt wird;
so wird des Vortheils wegen den der
Krieg einzelnen Departements bringen
könnte, die Nation sich nicht rüsten,

Daſs Roms Beyspiel hierher nicht passe, werden Ew. Durchl. selbst finden, wenn Sie sich aus der Geschichte dieses Staats des Verhältnisses zwischen der herrschenden Republik und den gehorchenden Provinzen erinnern wollen.

Rom regierte gleichsam monarchisch die eroberten Provinzen. Jeder Einzelne aus der, im Verhältniſs mit der Menge der Beherrschten, kleinen Anzahl römischer Bürger, hatte ausser der Ehre, Antheil an der Beherrschung der Welt zu haben, auch groſse privat Vortheile davon, daſs fast die ganze damals bekannte Welt dem römischen Scepter gehorchte: In Frankreich dagegen sollen die Eroberungen dem Lande incorporirt werden, die Eroberten werden Bürger des Staats und sollen alle Vortheile seiner Verfassung mit ihren Eroberern theilen.

Diese gewinnen also gar nichts dabey, und man müſste den Menschen

nicht kennen, wenn man erwarten
könnte, dafs die Neufranken blofs aus
Muthwillen Tractaten brechen würden,
die ihnen so gut, als ihren Nachbarn,
Frieden und Ruhe gewähren.

Fürst. Glauben Sie, dafs die Franzosen das Project aufgegeben haben,
eine allgemeine Umwälzung aller Re-
gierungs-Formen zu bewürken?

Rath. Weil eine längst gestürzte Parthey im Convent eine allgemeine Revolution in Europa zu bewürken suchte;
sollte man deswegen vermuthen können, dafs dieses der Wille der ganzen
Nation gewesen, oder dafs er es noch
sey? Als dieser Plan zuerst gemacht
wurde; schien den Schwärmern, welche höchstens nur ihre Nation kannten,
nichts leichter als ihr Syftem in ganz
Europa auszubreiten, alle Thronen und
mit ihnen alle Ordnung umzustofsen.
Da die Erfahrung sie aber schon vor-

hin belehret hat, dafs die Deutschen
und andere Nationen so thöricht nicht
sind, um einiger Mängel willen, wie
man zu sagen pflegt, das oberste zu un-
terst zu kehren; da Sie fühlen müssen
dafs die Greuel, von denen seit fünf
Jahren alle europäischen Völker, und
besonders wir ihre Nachbarn Zeu-
gen waren, sie und uns gewifs nicht
geneigter gemacht haben werden, einen
solchen Versuch zu wagen; so wird
auch ein zweyter Cloots es kaum un-
ternehmen, einen Kreuzzug gegen al-
les, was nicht die Volks - Souveraineté
anerkennt, zu predigen, und glauben
Sie wohl, gnädigster Herr, dafs ein
solcher Apostel der Universal-Republik
Anhänger finden, und der französische
Bürger Haus und Hof verlassen, und
sein Leben wagen werde, um dem
Oestreicher, dem Preussen oder jedem andern Deutschen eine Freyheit
zu erkämpfen, die dieser verrach-
tet, weil sie eine Tochter der Em-

pörung und eine Mutter der Anarchie ist?

Fürst. Ich will Ihnen zugestehen, mein lieber * * * *, daſs das französische Volk, nach der fast unglaublichen Anstrengung, mit welcher es so vielen Feinden zugleich Widerstand thut, sich nothwendig nach Ruhe sehnen muſs, und daſs man daher, in Rücksicht der Dauer des Friedens, vielleicht weniger von der französischen Republik zu fürchten habe, als wenn die Nation noch einem Ludwig XIV. oder einem ihm ähnlichen Monarchen gehorchte: Aber halten Sie es auch für möglich, daſs man sich wegen der Friedens - Bedingungen bey der dermaligen Lage der Dinge werde vereinigen können? und einen schimpflichen Frieden können doch auch Sie unmöglich wünschen? Schimpflich aber würde es seyn, wenn eine grössere, von 'vielen Alliirten unterstützte, Nation sich von einem kleinern, von Feinden umgebenen' und in sich uneinigen Volk, einen grofsen Theil ihres Staats-Körpers gewaltsam abreissen liesse.

Rath. Hier, gnädigster Herr, bekenne ich ihnen meine Verlegenheit. Ich fühle es, dafs ich ein Deutscher bin, und der Gedanke an einen uns abgezwungenen schimpflichen Frieden empört meinen Stolz. Ich rufe, ohne mich zu besinnen: lieber gefochten, um die Ehre des Vaterlands zu retten, als diese zu Grabe getragen zu sehen! Aber, lassen Sie uns auch hier kaltblütig, und mit Vorsicht zu Werke gehen, und untersuchen, was die Ehre der Nation heische?

Nicht jede Aufopferung ist schimpflich, besonders wenn wir Deutschen finden sollten, dafs wir durch die begünstigten Rüstungen

der Ausgewanderten, durch die Be-
drohungen der französischen Nation
in unsern Manifesten, und überhaupt
durch unser Einmischen in ihre Na-
tional-Angelegenheiten uns an unsern
Nachbarn jenseits des Rheins versün-
digt hätten. Die Behauptung der, von
den Neufranken verletzten, Rechte
der deutschen Reichsstände gab dem
deutschen Reiche die Veranlassung
zu diesem Kriege, und die Beherrscher der Nationen glaubten es ihrer
Würde schuldig zu seyn, auf den Ruf
der königlichen Brüder und anderer
Ausgewanderten, dem unglücklichen
Könige Ludwig XVI beyzustehen, und
die monarchische Verfassung dieses
Reichs zu behaupten; Man stellte ihnen
dieses als etwas leichtes vor, indem
man behauptete, daſs die Revolution
sich nicht auf dem Willen des gröſsten
Theils der Nation, sondern einiger
einzelnen Ehrsüchtigen gründe, und
wenigstens zwey Dritteltheile der Na-

tion ihnen beystehen würde. Jener
unglückliche König ist nicht mehr, er
und seine Gemahlin sind vielleicht
Opfer der wohlgemeinten Hülfe geworden. Der Wille der Nation, eine untheilbare Republik zu haben, ist nicht
zu bezweifeln.

Drey Feldzüge haben die Schwierig-
keiten, wo nicht die Unmöglichkeit,
Frankreich zu unterjochen, oder mit
Gewalt den deutschen Reichsfürsten,
zu dem, was sie verlohren, wieder
zu helfen, deutlich genug bewiesen.
Der gesellschaftliche Vertrag kann
nicht wollen, daſs man sich selbst ganz
in dem fruchtlosen Versuche, einem
Andern zu helfen, aufopfere. Kostet
der Krieg nicht Deutschland bereits
mehr Geld und Blut, als der Werth der
den deutschen Fürsten entzogenen Be-
sitzungen beträgt? Ew. Durchl. werden sich erinnern, was ich zu jener
Zeit, da die alliirten Waffen siegten,

häufig sagte: der Krieg ist ein Glücks-
spiel, der kluge Spieler hört dann
auf, wenn er im Vortheile ist.

Damals hätten gegen Anerkennung
der Republik Deutschlands Gränzen
gesichert, und höchst wahrscheinlich
auch den deutschen Fürsten, die durch
die Revolution verloren hatten, eine
Entschädigung verschaft werden können. Jetzt da die Waffen der Neufranken überall siegreich sind, da sie
uns die gemachten Eroberungen nicht
nur wieder abgenommen, sondern die
Niederlande, einen grossen Theil von
Deutschland und Holland im Besitze
haben, ist es nicht zu erwarten, dafs
wir, unter gleich guten Bedingungen,
und ohne einige Aufopferungen, den
gewünschten Frieden erhalten werden.

Wenn man das Unglück, das der
Krieg immer mit sich führet, und die
ganz besondern Umstände, welche

C

bey diesem eintreten, erwägt; so glaube ich, muſs Jeder, der Achtung für Menschen - Glückseligkeit hat, dazu rathen, lieber etwas, Ruhe und Friedens wegen, aufzuopfern, als, ohne Rücksicht auf die Volksstimmung und öffentliche Meynung, den Krieg mit der gröſsten Macht fortzusetzen, dadurch Schulden zu häufen, und Unzufriedene zu machen, mit Gefahr doch am Ende, nachdem noch viel mehrere Menschen unglücklich geworden, eben die Bedingungen eingehen zu müssen, welche man jetzt erhalten könnte.

Fürst. Wenn Deutschland seine Kräfte aufbietet, und nur noch in einem Feldzuge Muth und Tapferkeit zeigt, sollte es die Franzosen, welche an Menschen und Geld erschöpft sind, zu einem ihm ehrenvollen Frieden nicht nöthigen können?

Rath. Die Klugheit fordert allerdings,
daſs man sich ernstlich zu einem künftigen Feldzug rüste, ich habe aber
Ursache zu zweifeln, daſs es Ihnen
gnädigster Herr, mit dem Glauben
an die Ohnmacht der Neufranken und
an das künftige Glück der deutschen
Waffen rechter Ernst sey. Ich hörte
Sie selbst zu oft darüber klagen, daſs
die Cabinette der Groſsen den Vor-
spiegelungen solcher Menschen die
ein Interesse bey Fortsetzung des
Kriegs haben, oder zu haben glauben,
Gehör geben.

Das Mistrauen, das einer allgemei-
nen Sage nach, zwischen einigen alliirten Höfen und die Erbitterung, die
zwischen ihren Truppen herrscht;
der Unwillen mit dem die niedern
Stände in Deutschland die Fortsetzung
eines Krieges sehen würden, dem
die öffentliche Meynung so entschie-
den zuwider ist, nebst mehreren an-

C 2

dern Gründen, deren Aufzählung über-
flüssig seyn würde, weil solche Euer
Durchlaucht besser, als mir bekannt
sind, lassen mich wenig von dem
künftigen Feldzug hoffen.

Nicht alle Männer am Ruder der
Staaten haben aber Sinn für solche Be-
denklichkeiten oder Lust deren Gründ-
lichkeit zu prüfen. Wahrheiten, die
dem von den Ministern angenomme-
nem System entgegen sind, dringen sel-
ten oder nie in ihrer Lauterkeit zu den
Ohren der guten Regenten Deutschlands. Sie werden verunstaltet, als
gefährlich verschrieen und die, die
sie sagen, von dem Haſs der herrschenden Parthey verfolgt oder doch
verkezert. Was Luther zur Zeit, da
mit der Vergebung der Sünde, und
wunderthätigen Bildern der Heiligen
Handel getrieben wurde, von den
Pfaffen sagte: „Sie müssen Lügen
„predigen, man giebt ihnen sonst nicht
„viel,“ paſst dieses nicht vollkommen

auf manche unserer Journalisten, Zei-
tungs-Schreiber, und auch leider wohl
auf manches Fürsten Räthe? Erst sagte
man uns, der gröſste Theil Frankreichs
seye für den König, spottete der
schlecht gekleideten, schlecht bewaff-
neten Krieger, und schilderte sie als
Zaghafte, die beym ersten ernstlichen
Angriffe flöhen: Dann wollte man uns
überreden; Frankreich würde näch-
stens durch Hunger gezwungen werden, eine Maaſsregel, welche um
so schädlicher schien, da Hunger und
Verzweiflung noch mehrere wüthen-
de Krieger gegen unsere Gränzen
geführt haben würden. Nach andern
sollte die streitbare Mannschaft der
Republik durch die Guillotine, Aus-
wanderungen und Krieg auf eine sehr
geringe Anzahl zusammen geschmol-
zen, das Geld zu Ende, die Assigna-
ten ohne Werth seyn; den keine Gefahr scheuenden Muth der republika-
nischen Heere und die wüthenden Au-

griffe, mit denen sie so oft unsere tapfersten Truppen zurückdrängten, schrieb man bald der Berauschung durch hitzige Getränke, bald der Furcht vor dem Schwerdt der Guillotine zu.

Man wird zweifelhaft, ob man sich mehr über die Frechheit derer, welche solche Dinge als Wahrheit hinschreiben und behaupten, oder über die gutmüthige Leichtgläubigkeit derer wundern soll, welche sie für wahr hielten, und darauf immer wieder neue Hoffnungen bauten. Die Quellen einer Nation, welche keiner fremden Herrschaft gehorchen will, sind unerschöpflich; sie wird mit jedem Feldzuge kriegerischer: Unsere Unterthanen mit jedem Iahre abgeneigter, in einem Kampfe über Meynungen, welche scheinbar wenigstens ihnen günstig sind, Gut und Blut aufzuopfern: und dessen mannigfaltige Lasten zu tragen: Es steht nicht Volk gegen Volk: Die Deutschen haben nur ein entferntes, die Neufranken ein nahes Interesse beym Ausgang der Sache, und — wehe uns! wehe Europa und allen Monarchen und Fürsten! wenn der Krieg so lange fortgesetzt werden. soll, bis Ohnmacht einen Theil die Waffen niederzulegen zwingt!.

Fürst. Ich bin Ihrer Meynung, daſs dieses gefährlich seyn dürfte, und der Friede ein Gut sey, daſs man nicht leicht zu theuer erkaufen könne; nur die Ehre der Nation darf dabey nicht leiden. Ich für meine Person lasse mir übrigens gern einige Auf-opferungen gefallen, wenn sie nur nicht zu groſs sind, und das Glück beyder Nationen dabey bestehen kann. Hier gestehe ich Ihnen aber, daſs Sie einen meiner Zweifel noch nicht ge-hoben haben: Wird dieses Beyspiel, der, wider Willen der constituirten

Gewalt, und gegen die Einwürkung
benachbarter Mächte, sich gebildeten
französischen Republik nicht ähnliche
Auftritte in andern Ländern veran-
lassen?

Rath. Ich will Ihnen, mein gnädigster
Fürst, hier wieder recht freymüthig
antworten: Ia! und Nein: wie Sie
wollen. —

Zürnen Sie nicht! Ich würde es
nicht wagen, mit meinem Fürsten über
einen so sehr wichtigen Gegenstand
zu scherzen. Ia! dergleichen Auftritte sind auch in andern Staaten zu fürchten, wenn man in diesen so wenig
Rücksicht auf das Volk, auf das Wohl-
seyn der gröfsesten Klasse der Staats-
Bürger nimmt, als vormals in Frankreich; wenn der Fürst und seine Mini-
ster es unter ihrer Würde halten, sich
um die Volks-Meynung zu beküm-
mern, und mit dem Geist der Zeit be-

kannt zu machen; wenn das Vermögen des Staats an müssige Höflinge
verschwendet, Aberglaube statt Religion geprediget, der Unterthan den
Bedrückungen eigennütziger Diener
Preiſs gegeben, seine Denkfreyheit be-
schränkt, er mit Horchern umgeben,
und bey jeder freymüthigen Aeusse-
rung als Rebell behandelt wird; wenn
man aus Eroberungssucht Kriege führt
und die Söhne des Bürgers und Land-
manns ohne Noth und ohne Gefahr des
Vaterlandes zum Soldatendienst zwingt,
vielleicht ausser Lands verkauft; wenn,
aus Furcht vor Neuerungen, auch das,
. was man als Gebrechen erkennt, nicht
gebessert wird. — Dann hingegen ist
in einem Staate und besonders in
Deutschland keine Revolution zu fürchten, wenn ein Regent, Gott sey Dank!
daſs ich ohne Schmeicheley hinzu
setzen darf, wie Sie, mein Fürst, lieber Landes Vater als Landes Herr
seyn will, und durch strenge Erfüllung

seiner Pflichten die Religion thätig be-
kennt, die er predigen läfst; wenn die
Diener des Staats nicht nach Gunst,
sondern nach Verdienst und Brauchbar-
keit gewählt, das Lehns System ge-
mildert und allmählig abgeschaft, die
Abgaben hingegen gleicher vertheilt
werden; wenn der Regierung, ihres
edlen Zwecks eingedenk, weniger an
Erhaltung ihrer Gewalt, als am Ge-
brauche derselben zum Glück und zur
Vervollkommnung ihrer Unterthanen
liegt; wenn sie Folgsamkeit aus Er-
kenntnifs des Guten will, nicht aus
dummer Anbetung ihrer Anorduungen
und Befehle; wenn sie die Stimme
der Vernünftigen im Volke hört, und
ohne das Geschrey der Thoren, welche
die Gränzen diefs oder jenseits über-
schreiten, zu achten, Prefsfreyheit dazu
benutzt, Mängel, welche ihrer Vorsicht entgiengen, abzustellen oder,
wenn diese Mängel erdichtet sind, die
Bürger darüber zu belehren; kurz!

wenn der Fürst und seine Räthe in die Glückseligkeit des Volks des Herrschers gröfste Ehre und sein gröfstes Interresse setzen, und durch eine gute, weise Regierung das Zutrauen des Volks gewinnen; dann kann Frankreichs Beyspiel und Zerrüttung die Liebe der Unterthanen zum Fürsten und zu ihrer Verfassung nur fester gründen.

Handeln viele Regierungen künftig immer mehr diesen Grundsätzen gemäfs, wie es von der Güte und Klugheit unserer deutschen Fürsten zu hoffen ist; so hat das schreckliche Beyspiel der französischen Revolution, indem es die begünstigten Stände zur Billigkeit stimmte, und den niedrigen Volksklassen Abscheu gegen Empörung einflöfste, wohlthätig auf andere Nationen gewürkt, und dadurch könnte vielleicht das Uebel einigermassen aufgewogen werden, das sie veranlaſste.

Erlauben Ew. Durchl. da ich Ihre Geduld schon allzulang ermüdet habe, daſs ich nur noch eine Bemerkung hinzufüge, die zwar Ihnen nicht entgangen seyn wird, die aber so wichtig ist, daſs man sie den Deutschen Fürsten nicht oft genug ans Herz legen kann, daſs nemlich bey der Fortdauer des Kriegs immer mehrere von unsern zur Scheidung des Wahren von dem Falschen nicht genug vorbereiteten Landsleuten. theils in der Gefangenschaft, theils auf dem Schauplatz des Kriegs, die Französischen Grundsätze einsaugen.

Urtheilen Sie nun selbst, gnädigster Herr, ob ich ohne Grund fürchte, daſs bey den durch die Fortsetzung des Kriegs nothwendig werdenden mehre-

ren gewaltsamen Aushebungen, Aufla-
gen und sich häufenden Schulden, das
Mittel, wodurch wir einer Umstür-
zung unserer Verfassung entgegen ar-
beiten wollen, solche herbeyführen
könne, welches Gott gnädig von uns
abwenden wolle!